REFERENDUM

SUR L'ADHÉSION

A la Fédération Générale

DES FONCTIONNAIRES

PARIS & CAHORS

IMPRIMERIE TYPOGRAPHIQUE A. COUESLANT

1910

REFERENDUM

SUR L'ADHÉSION

A la Fédération Générale

DES FONCTIONNAIRES

PARIS & CAHORS

IMPRIMERIE TYPOGRAPHIQUE A. COUESLANT

—

1910

Paris le 9 juin 1910.

Mon cher Collègue,

Comme vous vous le rappelez vous-même, ou comme vous avez pu l'apprendre de vos délégués ou par la lecture de notre *Bulletin Officiel* d'avril 1910 (n° 47, p. 487), le Congrès National des professeurs de lycée et du Personnel de l'Enseignement secondaire féminin a adopté les conclusions du rapport de M. Beck en émettant à une très grosse majorité *un vote de principe favorable à l'adhésion de notre Fédération à la Fédération Générale des Fonctionnaires.*

Le Congrès subordonnait dans le même ordre du jour l'adhésion effective à un *referendum* dans lequel une *majorité des 2/3 des voix des membres de la Fédération* en faveur de l'adhésion serait nécessaire, et donnait mandat à votre Bureau de préparer et d'éclairer ce referendum en prenant tous renseignements utiles sur la constitution, le but et les tendances de la Fédération Générale des Fonctionnaires, et aussi sur la question de savoir si l'autonomie de notre Fédération, dans son action particulière, ne subirait point d'atteinte, et si les garanties spéciales, et peut-être même privilégiées, que nous pourrions tenir de notre statut particulier, ne risquaient point d'être contestées au sein de la Fédération Générale.

Ces réserves, nous pouvons le dire, n'avaient été inspirées par aucun sentiment de défiance à l'égard de personne, mais seulement par le désir légitime de prendre en toute connaissance de cause une décision éclairée et mûrie.

Votre Bureau, conformément au mandat qui lui avait été donné, a pris des renseignements, et vous les transmet dans cette brochure où vous trouverez, en même temps que le rapport de M. Beck, les statuts de la Fédération Générale des Fonctionnaires, la déclaration qui accompagnait la publication de ces statuts, et la correspondance échangée entre M. Fedel, président de notre Fédération Nationale et M. Laurent, secrétaire général de la Fédération des Fonctionnaires, à la suite d'un entretien entre MM. Fedel, Beck, Morizet et Navarre, membres de votre Bureau et M. Champion, vice-président de la Fédération des Fonctionnaires.

Sans vouloir en rien influer sur votre décision, ni préjuger de votre vote, le Bureau croit cependant de son devoir de déclarer qu'il résulte des renseignements recueillis et insérés ci-après qu'en tout état de cause l'adhésion de notre Fédération à la Fédération Générale des Fonctionnaires serait parfaitement légale et qu'en ne présentant aucun inconvénient véritable, elle nous permettra de défendre au sein d'une Association générale nos intérêts particuliers auxquels nous ne saurions renoncer.

Etant données l'importance de la question et la nécessité de la trancher d'urgence avant l'ouverture des débats parlementaires sur le statut des fonctionnaires, je vous serais reconnaissant, mon cher Collègue, d'inscrire votre vote sur le bulletin adhérent à cette brochure et de le remettre au président de votre Amicale, que je prie d'autre part de réunir d'urgence votre Association et de me transmettre officiellement le résultat du vote avant le 30 juin, dernier délai. Les résultats seront publiés au *Bulletin*.

Agréez, mon cher Collègue, l'assurance de ma très cordiale confraternité.

Le membre du Bureau
délégué à l'organisation du referendum,
Ch. NAVARRE,
241, rue St-Jacques,
PARIS, Vᵉ.

I. — Rapport présenté au Congrès par M. Beck

M. *Beck*. — Je passe maintenant à la question de l'adhésion à la Fédération générale des fonctionnaires. Nous nous sommes trouvés immédiatement en présence d'une première objection : quelques collègues faisaient valoir au nom de leurs Amicales que cette question n'était pas à l'ordre du jour du Congrès. Un rapide examen des faits a permis à votre Commission de se rendre compte qu'une telle opinion était inexacte. L'an dernier, vous vous en souvenez, à la veille du Congrès, le bureau de la Fédération Nationale, sollicité d'apporter l'adhésion de notre groupement au Comité d'études constitué entre les divers fonctionnaires sous la présidence de M. Demartial, a cru devoir demander à la Commission Exécutive s'il convenait d'ajouter immédiatement cette importante question à l'ordre du jour du Congrès qui allait s'ouvrir le lendemain. A une forte majorité les membres de la Commission Exécutive repoussèrent cette inscription à l'ordre du jour, parce que les délégués n'auraient pu se prononcer nettement faute d'avoir reçu sur ce point un mandat de leurs Amicales. Notre Congrès de 1909 n'a pu qu'enregistrer cette décision, et la question de l'adhésion à une fédération de fonctionnaires a été reportée au Congrès suivant, par l'ordre du jour qui fut alors voté à l'unanimité :

Les professeurs des lycées de garçons et les membres de l'enseignement secondaire féminin, possédant déjà un statut qu'ils désirent voir maintenir et compléter par des garanties nouvelles,

Expriment leur sympathie aux Associations de fonctionnaires des autres administrations qui, moins favorisés qu'eux, demandent des garanties analogues contre l'arbitraire et le favoritisme.

Et décident d'inscrire à l'ordre du jour du Congrès de 1910, la question du statut des fonctionnaires et celle des Associations de fonctionnaires.

Ou ces derniers mots n'ont aucun sens, ou ils visent nettement la question qui nous occupe. A la séance de la Commission, le Bureau, représenté par trois de ses membres, a déclaré qu'il ne pouvait y avoir de doute sur ce point : la discussion de l'adhésion à une Fédération de fonctionnaires est sans conteste à l'ordre du jour de notre Congrès. D'ailleurs nous aurions mauvaise grâce à éluder encore la question. Comme le disait hier notre collègue Navarre à la Commission, les autres fonctionnaires pourraient croire à une plaisanterie si nous procédions à un nouveau renvoi. Il ne fallait pas mettre la question à l'ordre du jour l'année der-

— 6 —

nière si nous jugions inutile de l'examiner ; du moment qu'elle y
a été mise, nos Fédérations Régionales avaient le devoir de l'étudier et elles ne peuvent se plaindre d'avoir été surprises puisqu'on
leur a donné un an pour prendre parti. Les autres fonctionnaires attendent notre réponse : nous devons la leur donner.

Mais la situation n'est plus ce qu'elle était à Pâques 1909. A ce
moment existait seulement un Comité d'études dirigé par M. Demartial, qui s'était donné pour tâche de discuter les projets de statut déjà déposés et d'en arrêter lui-même un nouveau. Une fois
cette œuvre finie, les 4/5 environ des membres qui composaient ce
Comité ont décidé de se constituer en Fédération Nationale des
associations de fonctionnaires ; des groupements voisins du nôtre
(instituteurs, répétiteurs, préparateurs des facultés) en font déjà
partie. Il se pose donc aujourd'hui devant nous une double question : Devons-nous, oui ou non, adhérer en principe à cette Fédération ? Si nous y consentons, dans quelles conditions cette adhésion doit-elle se faire ?

Il a semblé à la majorité de la Commission que nous avions toutes
les raisons, de principe et d'intérêt, pour voter cette affiliation,
aucune pour la repousser. Le statut des fonctionnaires nous sera
appliqué comme aux autres ; comme les autres nous avons intérêt
à le discuter. Vous n'ignorez pas que déjà plusieurs projets de loi
ont été déposés sur la question, que l'un d'eux est l'œuvre du gouvernement lui-même ; il est donc probable que la prochaine législa-
ture ne se terminera pas sans qu'un statut ait été voté. Vaut-il mieux
pour nous, rester isolés ou collaborer avec les autres catégories de
fonctionnaires à l'élaboration de ce statut ?

On a fait observer que l'adhésion pouvait avoir des inconvénients.
Certains de nos collègues ont dit : « Sans doute il y a des questions communes à tous les fonctionnaires. Mais nous avons aussi des
intérêts spéciaux. Nous avons des droits acquis, que quelques-uns
appellent des privilèges. C'est à cela que nous tenons surtout. Si
nous allons dans une assemblée générale des fonctionnaires, nous
risquons fort qu'on veuille nous enlever ces garanties particulières,
et, sous prétexte d'égalité, opérer un nivellement par en-bas. Il
faut compter avec cette faiblesse bien humaine, qui consiste à
envier au voisin ce que l'on n'a pas soi-même. » Je ne crois pas
avoir dissimulé la force de l'objection ; je suis convaincu pourtant
qu'elle est loin d'être décisive.

La plupart des questions auxquelles touche le statut intéressent
également tous les fonctionnaires et les articles de la loi, lorsqu'elle
sera votée, nous seront appliqués à nous, non pas en tant que professeurs, mais en tant que fonctionnaires. N'avons-nous pas intérêt, lorsqu'il s'agit de les discuter, à faire entendre notre voix ?
Et quel autre moyen avons-nous de le faire que de collaborer avec
nos collègues des diverses administrations qui se sont déjà groupés ?
Personne de nous ne songera à faire ce calcul égoïste : « Puisque

sur ce point leurs intérêts sont les mêmes que les nôtres, laissons-les nous défendre ; nous recueillerons tout aussi bien le fruit de leur victoire. » Il est utile pour nous-mêmes, comme pour les autres, que nous unissions nos efforts à ceux qui ont été déjà dépensés : plus nombreuse sera la Fédération, plus elle aura d'influence. Si nous avons quelque chose à dire en vue de l'intérêt commun, nous n'avons pas le droit de nous dérober : or nous ne pourrons essayer de faire prévaloir notre avis qu'en prenant part aux délibérations de la Fédération. Il y a là d'ailleurs avant tout une question de solidarité, qui ne saurait nous laisser indifférents. Dans l'ordre du jour du Congrès de 1909, nous avons exprimé notre sympathie aux Associations de fonctionnaires qui, moins favorisés que nous, demandaient des garanties analogues aux nôtres. Etait-ce une sympathie de mots, l'affirmation d'un sentiment platonique ? Allons-nous reculer maintenant qu'il s'agit d'en donner un faible gage ? Quand même notre intérêt bien entendu (et je crois avoir montré que cette supposition est fausse) ne nous pousserait pas à discuter avec les autres fonctionnaires les questions si nombreuses qui nous sont communes, nous avons le devoir de les aider, en nous unissant à eux, à acquérir les garanties indispensables que nous avons déjà.

J'en arrive maintenant aux intérêts spéciaux. C'est précisément, me semble-t-il, parce que nous avons à défendre des droits particuliers que nous devons adhérer à une entente entre fonctionnaires. La Fédération générale va certainement entrer en pourparlers avec les parlementaires, et les vœux qu'elle aura émis auront quelque influence sur la rédaction définitive du statut. Pouvez-vous espérer qu'elle se préoccupera de réserver nos droits si nous nous refusons à nous affilier à elle pour les défendre et les expliquer ? Dans ce cas la question risque fort d'être résolue contre nous, et les parlementaires mêmes auront une réponse toute prête à nos réclamations : « Nous avons tenu compte de l'avis exprimé par la Fédération des fonctionnaires. » La situation sera toute différente si, en causant dans des réunions communes avec nos collègues des autres administrations, nous les amenons à reconnaître que leur intérêt n'est pas de sacrifier les droits déjà acquis par certaines catégories de fonctionnaires, mais de les défendre avec énergie. Nous avons là en tout cas une chance d'obtenir satisfaction qu'il ne nous est pas permis de négliger.

On dira peut-être : « Cette chance est bien faible. Au lieu de faire ainsi des raisonnements théoriques, il faut envisager la pratique. Or, en fait, nous n'arriverons pas à convaincre les autres de s'intéresser à des soi-disant privilégiés. » Je répondrai seulement ceci : La supposition que je viens de faire ne repose pas sur des opinions *a priori*. L'expérience a été faite, et elle a réussi. En juillet dernier, notre collègue Daudin a eu l'idée de provoquer à Rennes une réunion des fonctionnaires appartenant à toutes les catégories pour parler ensemble du statut. Un grand nombre ont répondu à son appel ; il y avait là des instituteurs, des professeurs de lycées, des professeurs de faculté, des agents des trésoreries générales, des postiers, des agents des contributions indirectes, des employés de mairie et de préfecture, etc. Deux séances ont été nécessaires. Je ne vous dissimulerai pas que la première a été un peu confuse : il fallait d'abord prendre contact ; c'était la première fois que l'on se rencontrait, chacun avait sa façon de voir, et l'on n'a pu se mettre tout de suite à parler la même langue. Dès le début, nous avons dit (et nos collègues de l'enseignement supérieur l'ont dit avec nous) que nous revendiquions avant toutes choses le maintien des garanties spéciales que des lois antérieures nous avaient accordées. Quelques assistants ont répliqué : « Vous voulez des privilèges. Pourquoi n'aurions-nous pas, tous, les mêmes droits ? » Mais nous n'avons pas eu de peine à leur faire comprendre que la question ne se posait pas ainsi. Nous leur avons dit : « Comment ? Vous, fonctionnaires, vous admettez qu'un statut destiné à nous assurer des garanties nouvelles d'indépendance impose à certains fonctionnaires un régime moins libéral que le régime actuel ! Vous exigez que ceux qui jouissent depuis trente ans de droits précieux et qui y tiennent tout en les trouvant insuffisants, consentent à s'en voir dépouiller sous prétexte qu'on ne veut pas encore les accorder à tous ! Non, vous ne pouvez vouloir que le statut diminue la situation morale d'aucun de nous. Ce serait pour tous le précédent le plus funeste. Un gouvernement de réaction aurait ainsi la partie belle s'il voulait un jour enlever à certaines catégories de fonctionnaires les avantages et les droits qu'elles auraient conquis. » Les assistants se sont vite rendus à nos raisons : « Nous ne gagnerions rien assurément, nous ont-ils répondu, à ce que vous fussiez diminués. Ce serait même un mauvais calcul de notre part de permettre qu'un statut puisse porter atteinte à des droits antérieurs. Au contraire il nous sera toujours permis d'invoquer plus tard les avantages dont vous jouissez pour en réclamer d'analogues. »

Dans une seconde séance, huit jours après, tout le monde s'est trouvé d'accord pour mettre en tête des vœux qu'il s'agissait de rédiger la motion suivante :

« Que les fonctionnaires qui jouissent déjà d'un statut spécial et incomplet (personnel de l'enseignement secondaire et de l'enseignement supérieur, instituteurs, etc.), conservent toutes les garanties qu'ils possèdent actuellement, et obtiennent le bénéfice des garanties supérieures qui seraient accordées, par le statut, à l'ensemble des fonctionnaires. »

Voilà, me semble-t-il, une réponse par les faits. Sans doute, ce n'est qu'un exemple particulier, une expérience locale, dont on n'a pas le droit d'exagérer la portée. Mais pourquoi ce qui s'est produit à Rennes ne se reproduirait-il pas ailleurs ? Opposez à cette entente unanime des fonctionnaires rennais que, paraît-il, M. Demartial a citée avec éloge, la façon dont on parle de nous dans la brochure verte publiée par le Comité Demartial. Le projet de loi préparé par ce Comité maintient, il est vrai, les garanties disciplinaires des professeurs et des magistrats (et il est bon d'ailleurs d'ajouter à ce propos que nos collègues Fédel et Steck se sont rendus officieusement aux réunions, tandis qu'un conseiller d'Etat M. Chardon parlait en faveur de la magistrature). Mais vous allez voir avec quelle mauvaise grâce on réserve nos droits : « Le second paragraphe [de l'article 27 du projet du gouvernement] est critiquable. Pourquoi tenir en dehors du statut le personnel enseignant ? Uniquement parce qu'une partie, les professeurs, tient d'autres lois des garanties en matière disciplinaire plus fortes que celles prévues au projet de statut et qu'*on n'ose pas les lui retirer*. Mais on ne fait que souligner l'injustice qu'il y a à refuser des garanties analogues aux autres fonctionnaires. Nous avons la plus grande considération pour les membres de l'Université, que nous considérons comme constituant l'élite des fonctionnaires. Mais ils n'ont droit à aucun privilège en matière de discipline, ni en aucune autre d'ailleurs. » Voilà comme on parle de nous quand nous ne sommes pas là pour faire entendre notre voix ; vous avez vu tout à l'heure combien le ton était différent dans une circonstance où nous avions consenti à faire cause commune avec les autres fonctionnaires. Cela nous montre que nous ne gagnerons rien à rester isolés et que nous avons tout intérêt à essayer une entente. Supposons, pour mettre les choses au pire, que cette entente ne doive pas aboutir. Nous en serons quittes pour nous retirer de la Fédération. La situation redeviendra ce qu'elle est aujourd'hui ; en tout cas elle ne sera pas pire ; nous aurons même l'avantage de savoir plus exactement ce que nous avons nous-mêmes à faire pour sauvegarder nos droits. Aussi nous prononçons-nous sans hésitation pour le principe de l'adhésion à la Fédération des fonctionnaires.

Mais il ne suffit pas de voter un principe, il faut régler les conditions de son application. Il a semblé à la commission qu'une adhésion immédiate et sans réserves pourrait avoir des inconvénients, et qu'il valait mieux l'entourer de certaines garanties. Il est certain que notre affiliation à la Fédération des fonctionnaires serait mal vue d'un grand nombre de nos collègues si elle mettait en péril les deux principes sur lesquels nous devons nous montrer intransigeants : le maintien de nos droits antérieurs, le respect de l'autonomie de notre groupement pour la défense de nos intérêts particuliers ; notre adhésion sera donc subordonnée à cette condition essentielle. D'autre part, pour entraîner le consentement à peu près unanime de nos collègues, qui en une telle matière est si désirable, il faut que nous puissions leur dire exactement ce qu'est cette Fédération Nationale dans laquelle nous les convions à entrer.

2.

Nous avons donc besoin de connaître ses statuts et les groupements dont elle se compose. Nous devons aussi savoir nettement ce qu'elle a déjà fait et quel est l'esprit qui la guide. Je sais bien qu'il ne faut pas s'exagérer l'importance de semblables considérations, et l'esprit de cette Fédération, notamment, sera ce que le feront les diverses catégories qui y entreront. Mais, pourtant, la Fédération possède, je crois, un journal[1] ; elle a déjà manifesté ses tendances par des actes précis. Nous devons, avant de nous lier, savoir ce à quoi nous nous engageons. Si nous prenions une résolution définitive avant d'avoir fait cet examen préalable, il est à craindre que nos collègues ne se décident pas tous à nous suivre.

Est-ce à dire qu'il faille reculer encore d'une année l'adhésion que nous vous proposons ? Je vous ai dit qu'un nouvel ajournement paraîtrait cette fois incompréhensible. D'ailleurs, lorsque le Congrès aura voté, s'il y consent, le principe de l'affiliation tel qu'il est impliqué dans l'ordre du jour que nous avons rédigé, il ne restera plus qu'à entrer en pourparlers avec la Fédération des fonctionnaires et à centraliser les renseignements indispensables. C'est la tâche du Bureau et de la Commission Exécutive. Cependant, par excès de précautions, nous ne vous proposons pas de laisser à la Commission Exécutive le soin de juger d'après les documents recueillis si l'affiliation doit être rendue définitive. Il faut que tous les membres de nos Amicales soient admis à exprimer leur avis. C'est donc le *referendum*, mais un *referendum*, portant sur une question nettement délimitée. Nous demandons en effet au bureau de l'A³ de réunir dès maintenant tous les renseignements utiles, de les publier dans une brochure spéciale ou dans un numéro du *Bulletin* et de les faire parvenir ainsi à toutes les A¹ en les invitant à se prononcer en dernier ressort. De la sorte l'affiliation, si elle est jugée désirable encore après lecture des documents, pourrait être un fait accompli avant les grandes vacances.

J'aurais terminé mon exposé s'il ne me restait une dernière objection à examiner. On a fait valoir que cette adhésion à une Fédération générale des fonctionnaires pouvait paraître à quelques collègues timorés un acte dangereux et une audace exagérée et que leur mécontentement risquerait d'amener dans notre vie corporative des froissements ou même des scissions. Je répondrai à cela que nous avons tenu à prendre les plus grandes précautions pour enlever tout objet à ces craintes. Puisque l'adhésion définitive est subordonnée à un examen préalable et à l'étude de documents précis, il y a lieu de supposer que nos Amicales la repousseraient

---

[1] Le journal auquel notre collègue Beck faisait allusion « le Trait d'Union » n'est pas le journal officiel de la Fédération ; il est la propriété de quelques membres de la Fédération qui le dirigent comme ils l'entendent.

au cas où les garanties obtenues ne seraient pas suffisantes. Si l'affiliation est décidée lors du *referendum*, ces collègues que l'affiliation effraie auraient mauvaise grâce à se plaindre de notre Fédération. Certes les droits des minorités sont éminemment respectables ; mais ceux de la majorité méritent au moins autant d'être respectés. Il y a lieu d'ailleurs de prévoir que dans ce cas-là la majorité comprendrait en général ceux de nos adhérents qui sont les plus pénétrés de la nécessité de la vie corporative. Les résistances viendraient, sauf exceptions, des indifférents, de ceux qui ont toujours montré peu de goût pour le principe même de l'Association. Ne nous exagérons pas cependant l'importance d'une telle opposition : quelques-uns de nos collègues, peut-être, sont si étrangers à la vie de nos Amicales qu'ils continueront à ignorer après l'adhésion qu'ils font partie d'une Fédération de fonctionnaires.

Au reste, la Commission, pour éviter ce danger, sans doute imaginaire, a tenu à donner une nouvelle preuve de son esprit de conciliation. Elle vous engage à adopter les résolutions suivantes : Si, lors du *referendum*, la proposition d'affiliation n'obtient que la majorité pure et simple, la question restera entière et sera renvoyée au Congrès de 1911, qui aura tous pouvoirs pour la résoudre. Si les 2/3 des votants se prononcent pour l'affiliation, celle-ci se fera de plein droit, immédiatement.

Telles sont les dispositions que je suis chargé de vous soumettre. Elles représentent, vous en conviendrez assurément, un effort pour aboutir à une solution nette et pratique, qui tienne compte cependant de nos tendances diverses et ménage toutes les susceptibilités légitimes ; aussi la Commission les a-t-elle adoptées à peu près à l'unanimité. Je souhaite que le Congrès leur fasse le même accueil. Je crois que chacun de nous peut s'y rallier sans arrière-pensée : ceux qui sont hostiles à l'affiliation, parce que la décision finale est réservée et qu'elle est entourée des garanties les plus complètes ; ceux qui sont partisans de l'affiliation et sont décidés dès aujourd'hui à la voter, parce que, si le vote définitif est reculé de quelques mois, on leur propose d'adopter immédiatement le principe même de l'adhésion ; ceux, enfin, qui déclarent n'avoir reçu de leur Amicales aucun mandat, parce que l'institution d'un *referendum* permet à nos Associations encore mal renseignées d'étudier mieux la question et de se prononcer en toute indépendance.

Voici donc le vœu tel que l'a rédigé votre troisième Commission :

Le Congrès :

Reconnaissant l'importance des raisons de principe et d'intérêt général qui militent en faveur de l'adhésion de la Fédération nationale des professeurs de lycée et du personnel de l'enseignement secondaire féminin à la Fédération générale des fonctionnaires ;

Mais déclarant que la Fédération des professeurs doit, avant de prononcer cette adhésion, obtenir des renseignements lui donnant toutes garanties concernant : d'une part le maintien des droits particuliers du personnel de l'enseignement secondaire, et l'autonomie de la Fédération des professeurs pour la défense des intérêts propres de ce personnel ; — d'autre part, l'orientation générale et l'attitude de la Fédération des fonctionnaires :

Invite le bureau à réunir ces renseignements ;

Et autorise la commission exécutive à provoquer, lorsqu'elle aura obtenu ces renseignements, et en les communiquant aux amicales, un referendum aux termes duquel l'adhésion de la Fédération nationale des professeurs à la Fédération des fonctionnaires, si elle recueille les 2/3 des voix des membres de la Fédération, sera rendue effective par le bureau.

II. — Fédération générale des Fonctionnaires et Comité d'Etudes

Nous donnons à titre de document rétrospectif l'article du *Matin* paru le 26 novembre 1909, après la transformation du *Comité d'Etudes présidé par M. Demartial* en *Fédération Générale ;* ainsi qu'une lettre récente de M. Demartial à M. Fedel.

LA FÉDÉRATION DES FONCTIONNAIRES

DEUX OPINIONS

[Les associations de fonctionnaires adhérentes au comité d'études — le Matin l'annonçait hier — ont décidé mercredi soir, à la majorité, la transformation du comité en Fédération nationale. Devant cette décision, M. Demartial, président du comité, qui n'avait point caché au cours de la discussion combien il était contraire à la constitution de la fédération, s'est retiré. Un certain nombre de délégués l'ont suivi dans sa retraite.

Quelles considérations ont déterminé le vote des uns, l'attitude des autres ? Nous l'avons demandé d'une part à M. Delmas, l'un des partisans les plus convaincus de la Fédération ; de l'autre à M. Demartial, son adversaire déclaré.]

POUR

L'article premier des statuts de la nouvelle fédération, qui prend le titre de *Fédération nationale des associations de fonctionnaires de l'Etat, des départements et des communes*, définit ainsi l'objet qu'elle se propose : étudier et défendre les intérêts communs aux associations adhérentes.

Quelles sont les raisons qui ont provoqué la transformation du comité d'études en fédération ?

Le comité d'études s'était constitué sur l'initiative de M. Demartial, dans le but unique et précis d'examiner les divers projets de *statut personnel* des fonctionnaires présentés par le gouvernement ou dus à l'initiative parlementaire. Il a établi un contre-projet très consciencieux qui, dans la presque totalité de ses articles, est accepté par les intéressés.

Le comité d'études devait-il survivre à sa mission ? Pouvait-il poursuivre la réalisation des conclusions qu'il avait adoptées ? Nous ne l'avons pas cru. N'ayant pas d'existence légale, il n'était qu'une groupement discret de documentation réciproque et de propagande théorique ; par ses statuts mêmes, il ne pouvait devenir un instrument d'action.

D'autre part, la nécessité de posséder un organisme permanent capable de défendre tous les intérêts généraux des fonctionnaires se faisait de plus en plus impérieuse.

La transformation du comité d'études était nécessaire et même inévitable.

Suffisait-il, comme d'aucuns le prétendaient, de donner à ce comité une existence légale, par le dépôt de ses statuts, pour lui procurer la force qui lui manquait ? Non. Ses statuts ne répondaient plus au but poursuivi et son titre même était trop imprécis pour être conservé.

Il a paru à quelques-unes des association adhérentes qu'il était indispensable et loyal de donner au nouveau groupement une organisation et un titre qui montrassent nettement et sans réticences la tendance nouvelle d'action et de défense professionnelles.

La constitution de la fédération fut décidée. Est-ce à dire que par sa dénomination même le nouveau groupement doit prendre, ainsi que certains l'ont prétendu, une attitude violente et illégale ? Ne peut-on être dignes sans être révoltés et ne peut-on *agir* sans sortir de la légalité ?

La loi de 1901 autorise la constitution des fédérations ; la fédération est donc légale ; les associations qui la composent ont déjà donné des preuves trop nombreuses de leur énergie corporative et de leur loyalisme républicain pour qu'il soit permis de leur prêter des intentions inavouables.

La Fédération nationale déclare enfin, dans l'article premier de ses statuts, qu'elle se donne pour mission de défendre les intérêts de ses mandats par tous les moyens légaux, mais *rien que par les moyens légaux*. Donc aucune équivoque n'est possible.

Qu'il me soit permis en terminant de regretter que certaines associations se soient laissé épouvanter par le titre de fédération, et qu'elles aient cru devoir nous refuser leur adhésion. J'espère que mieux informées de nos intentions, elles nous apporteront le concours précieux de leur force et de leur compétence. On n'est jamais trop pour bien faire !

E. DELMAS,

*Secrétaire général
de l'U. G. des agents des contributions indirectes,
Délégué au comité d'études.*

CONTRE

Nous n'acceptons pas la transformation du comité d'études en Fédération nationale pour plusieurs raisons.

Une période d'action va s'ouvrir, dit l'article du *Matin* d'hier. Quelle action ? C'est parce que nous n'avons pas obtenu de précisions à cet égard que nous nous retirons. On nous disait : « Nous voulons passer aux actes. » Nous demandions quels actes ? Et on ne savait que nous répondre.

« La fédération, dit-on encore, aspire à créer entre ses membres la même union qu'à la C. G. T., à leur imposer la même discipline pour la réalisation de leurs revendications. » Le comité d'études avait précisément cet avantage de permettre aux administrations d'agir collectivement sans les enrôler. Comme l'a dit excellemment M. Chardon, chacune, en venant apportait sa liberté et la remportait en partant. Se proposer comme modèle l'union et la discipline de la C. G. T. au lendemain des événements de mai, excite d'ailleurs un certain étonnement.

Les fonctionnaires de tout grade et de tout ordre, assure-t-on, fonctionnaires de l'Etat, des départements et des communes, sont depuis hier fédérés. Qu'en pensent les employés des préfectures et des mairies, qui se sont déclarés pour le maintien du comité d'études ? Le comité d'études pouvait, par sa souplesse d'organisation, réunir des fonctionnaires de diverses catégories. Je doute qu'il en soit de même à la fédération. Exemple : la société des commis des ponts et chaussées est entrée à la fédération, alors que l'association des sous-ingénieurs et conducteurs et celle des agents de la navigation qui l'encadrent dans la hiérarchie, n'en veulent pas entendre parler.

Bref nous considérons que le comité d'études était, dans l'état actuel des choses, la forme de groupement général la meilleure, et que sa transformation en fédération, par les interprétations auxquelles elle donnera lieu dans l'opinion, par l'allure de provocation qu'elle revêt, à la veille de la discussion du statut, est de nature à nuire aux réformes en cours plutôt qu'à les faciliter. Mais nous ne prétendons pas avoir le monopole de la clairvoyance, et nous nous sommes séparés de nos camarades non pas en adversaires, mais en amis.

Toutefois il me faut rectifier certaines assertions. La fédération, dit-on, a été votée il y a quinze jours par quinze voix contre huit et deux abstentions. Mais depuis, cinq associations se sont déclarées contre par lettre, ce qui fait treize contre quinze. Il eût convenu de le reconnaître.

La dissolution du comité fut approuvée, dit-on encore. Il serait plus exact de dire que la majorité n'a pas cru nécessaire de consulter le comité sur la dissolution préalable de l'organisation. On trouve simplement en face de ce fait : quinze associations sur trente-sept ont voté d'office la transformation du comité en fédération. Mais le comité subsiste au regard de celles qui ont voté contre ; il subsiste avec son organisation, ses statuts, un passé dont il a le droit d'être fier, et il montrera par de prochaines publications qu'il reste fidèle à son programme : les idées de justice et de solidarité mises au service de l'intérêt public.

Un mot encore. Si les promoteurs de la transformation avaient su nous persuader qu'il ne s'agissait que de prendre un titre plus reluisant, plus corporatif que le mot comité d'études, et que l'esprit de l'organisation resterait le même, nous aurions pu le dire publiquement et nous serions encore à leurs côtés. C'est parce que cette assurance nous a manqué que nous partons.

G. DEMARTIAL,
*Délégué de l'Union des associations
professionnelles des administrations centrales,
Président du comité d'études.*

LES VOTES

Voici, d'autre part, à titre documentaire, la liste, avec le nombre de leurs membres, des associations qui auraient adhéré à la nouvelle fédération :

Fédération des amicales d'instituteurs (96.000) ; Association générale des sous-agents des postes (30.000) ; Association de Secrétaires et employés de mairie (17.348) ; Union générale des agents du service actif des douanes (15.000) ; Union générale des contributions indirectes (9.700) ; Fédération des employés d'octroi (6.000) ; Association générale des services de surveillance de l'administration pénitentiaire (1.700) ; Union générale des agents du service sédentaire des douanes (1.600) ; Société des commis des ponts et chaussées (1.468) ; Fédération du personnel administratif de la marine (900) ; Association des préposés des manufactures de l'Etat (850) ; Association des percepteurs anciens surnuméraires (600) ; Association du personnel des bureaux des chemins de fer de l'Etat (400) ; Association de la Caisse des dépôts et consignations (350) ; Association des géomètres du cadastre (40) ; Association des fonctionnaires de la Monnaie (35) ; Fédération des répétiteurs ; Association des chefs de travaux et préparateurs des facultés des sciences ; Association des dessinateurs du service géographique de l'armée. Soit 181.591 fonctionnaires.

Auraient voté contre la transformation :

L'Association des préposés des eaux et forêts (4.680) ; l'Association du personnel des travaux publics (4.500) ; l'Association générale des percepteurs (3.200) ; la Fédération du personnel secondaire des ministères et administrations connexes (2.200) ; l'Union des associations des administrations centrales (1.950) ; l'Association du personnel des préfectures (1.780) ; l'Association des agents de la navigation (1.200) ; l'Association des receveurs spéciaux des communes et établissements publics (600) ; l'Association des rédacteurs de la préfecture de la Seine (350) ; l'Association amicale et mutuelle des répartiteurs des contributions directes d'Algérie (53) ; les commissaires contrôleurs des compagnies d'assurances (14). Soit 20.527.

Incertaines : la Fédération des cantonniers (20.000) ; l'Association professionnelle des receveurs buralistes (2.500) ; la Fédération des professeurs adjoints des lycées (900) ; l'Union des associations de l'Assistance publique (400) ; l'Association des commis-greffiers des cours et tribunaux (352) ; l'Association des administrateurs des colonies (331) ; l'Association du personnel administratif des établissements pénitentiaires (140) ; l'Association des employés de l'Imprimerie nationale.

Lettre de M. Demartial,
président du Comité d'Etudes des Associations professionnelles de Fonctionnaires, à M. Fedel

Paris, le 7 juin 1910.

Monsieur le Président,

Vous voulez bien me demander « si le comité d'études subsiste, quelles associations il groupe, quelles sont ses intentions ».

Ainsi que vous le savez, la majorité des associations composant ce comité a voté sa transformation en fédération. Les quatorze associations suivantes ont déclaré ne pas adhérer à cette transformation :

Personnel secondaire des ministères ;

Administrations centrales ;

Percepteurs ;

Répartiteurs des contributions directes d'Algérie ;

Personnel administratif des établissements pénitentiaires ;

Rédacteurs de la Préfecture de la Seine ;

Personnel des préfectures ;

Secrétaires et employés de mairie ;

Receveurs spéciaux des communes et établissements publics ;
Préposés des eaux et forêts ;
Administrateurs des colonies ;
Personnels des Travaux publics ;
Agents de la navigation ;
Commissaires-contrôleurs des compagnies d'assurances.

Le comité subsiste donc avec ses statuts et un budget. Voici ses intentions :

Ou la loi projetée sur les associations de fonctionnaires, dont le gouvernement a annoncé un nouveau dépôt et dont la discussion ne semble plus devoir tarder, n'autorisera pas une fédération générale de ces associations, et alors il verra si les associations n'auraient pas intérêt à maintenir entre elles cet organe d'étude de leurs intérêts communs qu'est précisément le comité.

Ou la loi autorisera une fédération générale des associations de fonctionnaires, et le comité verra s'il ne devra pas demander à la fédération actuelle l'entrée dans ses rangs des associations qu'il groupe, sous réserve bien entendu de leur adhésion individuelle, et toute réserve faite aussi au sujet des nouveaux classements que cette autorisation pourrait amener, car il ne faut pas oublier qu'outre les associations groupées actuellement en fédération et celles restées constituées en comité d'études, il en existe un certain nombre de fort importantes et de tendances diverses.

Veuillez agréer l'assurance de mes sentiments les plus distingués.

, G. Demartial.

III. — Statuts de la Fédération des Associations Professionnelles des Employés de l'État, des Départements et des Communes

En vue du referendum décidé par le Congrès sur la question de l'adhésion à la Fédération Nationale des fonctionnaires, nous croyons bon de reproduire les statuts de cette Fédération, ainsi que la déclaration publiée par elle lors de sa fondation.

BUT ET CONSTITUTION

Article Premier. — La Fédération Nationale régie par les présents statuts a pour but de grouper toutes les Associations professionnelles des Employés de l'État, des Départements et des Communes et pour objet l'étude et la défense des intérêts communs de leurs adhérents. Elle se place sous le bénéfice de l'article 5 de la loi du 1er juillet 1901.

La Fédération ne peut s'immiscer en rien dans les intérêts particuliers d'une catégorie de personnel.

Art. 2. — La Fédération Nationale est constituée par les Fédérations d'Associations, les Associations générales et les Associations professionnelles qui adhèrent aux présents statuts.

Chaque catégorie de personnel ne peut être représentée au sein de la Fédération que par un seul groupement. L'admission des Associations est prononcée après enquête par le Conseil Fédéral.

Art. 3. — Les groupements qui constituent la Fédération Nationale conservent leur autonomie d'une façon absolue.

Art. 4. — Le siège social de la Fédération est à Paris.

ADMINISTRATION

Art. 5. — La Fédération est administrée par un Conseil Fédéral composé de membres délégués à raison de deux par groupements, l'un titulaire, l'autre suppléant ; le délégué suppléant n'a voix délibérative qu'en cas d'absence du délégué titulaire.

Chaque groupement a droit à un nombre de voix déterminé d'après le nombre de ses adhérents, sur les bases suivantes :

Jusqu'à 1.000 membres .... 1 voix
de 1.001 à 5.000 membres .... 2 voix
de 5.001 à 20.000 membres .... 3 voix
au-dessus de 20.000 membres .... 4 voix

Les décisions du Conseil Fédéral sont prises à la majorité absolue au premier tour, et à la majorité relative au second tour.

Art. 6. — Le Conseil Fédéral constitue chaque année dans son sein, une Commission Exécutive de neuf membres, dont un secrétaire, un secrétaire-adjoint et un trésorier.

La Commission Exécutive est chargée d'étudier les questions qui doivent être soumises à l'examen du Conseil Fédéral ; elle provoque les réunions du dit Conseil chaque fois qu'elle le juge utile et au moins une fois par mois.

TRÉSORERIE-CONTROLE

Art. 7. — Chaque groupement adhérent verse à la Fédération Nationale une cotisation annuelle, payable par semestre et d'avance, déterminée d'après le barème suivant :

jusqu'à 100 membres .... 25 francs.
de 101 à 500 membres .... 50 —
de 501 à 1.000 membres .... 75 —
de 1.001 à 2.000 membres .... 100 —
de 2.001 à 5.000 membres .... 125 —
de 5.001 à 10.000 membres .... 150 —
de 10.001 à 20.000 membres .... 175 —
au-dessus de 20.000 membres .... 200 —

Art. 8. — Le Trésorier ne peut conserver par devers lui une somme supérieure à 200 francs ; les fonds sont déposés dans un établissement de crédit au nom de la Fédération Nationale ; ils ne peuvent être retirés qu'avec la signature du Secrétaire et du Trésorier.

Art. 9. — Le Conseil Fédéral désigne chaque année dans son sein une Commission de Contrôle composée de trois membres pris en dehors de ceux faisant partie de la Commission Exécutive, les membres sortants n'étant pas immédiatement rééligibles. Cette Commission présente tous les six mois un rapport au Conseil Fédéral sur la gestion du Trésorier et la situation financière de la Fédération.

ASSEMBLÉES GÉNÉRALES ET CONGRÈS

Art. 10. — La Fédération Nationale réunit chaque année en Assemblée générale les membres des Conseils d'administration des groupements adhérents. L'ordre du jour de ces réunions est établi par le Conseil Fédéral.

La Fédération Nationale peut également organiser chaque année un Congrès National.

Un règlement spécial fixera les détails d'organisation des Assemblées générales et des Congrès.

DISPOSITIONS DIVERSES

Art. 11. — Les présents statuts ne pourront être modifiés que par le Conseil Fédéral. Le texte des modifications proposées devra être adressé aux groupements adhérents un mois avant la séance à l'ordre du jour de laquelle ces propositions de modification figureront.

Art. 12. — La Fédération s'interdit toute discussion politique ou religieuse au sein de ses réunions.

Art. 13. — La Fédération pourra entrer en relations avec les groupements de fonctionnaires des autres pays.

Art. 14. — Toute Association en retard de deux semestres dans le paiement des cotisations sera radiée par le Conseil Fédéral après toutefois qu'un avis spécial lui aura été adressé, sous pli recommandé, par le Trésorier.

DISSOLUTION

Art. 15. — La dissolution de la Fédération Nationale ne pourra être prononcée par le Conseil Fédéral que dans une séance extraordinaire tenue sur convocation spéciale ; le Secrétaire devra faire cette convocation s'il en est requis par écrit, par le tiers des Associations adhérentes. Elle devra être votée par une majorité au moins égale aux deux tiers des mandats représentés.

Ces Statuts ont été accompagnés de la déclaration suivante :

DÉCLARATION

Les délégués des Associations ci-dessous désignées estimant qu'il est nécessaire de confier à un organisme légal, permanent et autorisé, le soin de coordonner les études et lés efforts produits par les différents groupements qui se préoccupent de sauvegarder les intérêts professionnels des fonctionnaires, déclarent reconstituer la Fédération des Associations, tombée en non activité depuis Septembre 1907.

Soumis aux mêmes règles de discipline, aux mêmes risques d'arbitraire ou de favoritisme, placés sous le même régime de retraites, délimités demain dans leurs droits et devoirs individuels par un même « Statut », sujets à être atteints dans leur liberté collective par des restrictions identiques, les fonctionnaires et agents de tous ordres au service de l'Etat ont des intérêts communs qui se traduisent par des aspirations communes.

La Fédération, constituée suivant les règles prévues par l'article 7 du décret du 16 Août 1901 sera un mandataire régulier qui usera des moyens légaux de propagande et de documentation dont disposent tous les citoyens et tous les groupements ; elle aidera efficacement à rechercher et à réaliser les solutions équitables des problèmes généraux où l'intérêt des fonctionnaires serait engagé.

Loyaux serviteurs du régime républicain, décidés à rester en dehors de la lutte des partis, préoccupés de n'apporter aucune perturbation dans l'ordre public, *les fonctionnaires fédérés déclarent unanimement ne pas considérer la grève comme un moyen de défense professionnelle.*

Organe de coordination, *la Fédération, qui ne s'affiliera à aucune organisation étrangère, laissera pleine et entière autonomie aux Associations qui la constituent.*

Composée de groupements unis par des tendances communes de fermeté et de modération, la Fédération des fonctionnaires occupera une place normale dans le large mouvement de concentration qui s'accentue parmi toutes les corporations et dans toutes les branches de l'activité nationale.

Forte de l'expérience acquise, désireuse de toujours donner à ses propositions le caractère d'études réfléchies, convaincue de la nécessité d'une hiérarchie et d'une discipline sans abus, elle constituera un élément d'ordre nouveau ; il est à présumer cependant qu'elle rencontrera l'hostilité de ceux qui placent l'idéal républicain dans la conservation intégrale des traditions du passé.

Soucieuse de l'intérêt public, consciente des charges supportées par le contribuable, la Fédération ne se bornera pas à rechercher des satisfactions de catégories.

Elle s'efforcera, sans attenter aux droits acquis, de préciser, en vue de leur suppression, toutes les dépenses inutiles, de signaler toute organisation surannée ou défectueuse, d'alléger les formalités des règlements administratifs.

D'accord avec les intéressés, elle étudiera et préconisera toute modification qui aurait pour objet, sans nuire aux intérêts du Trésor ou à ceux de la collectivité, de faciliter les opérations et transactions industrielles ou commerciales.

Avec la coopération du public, elle poursuivra l'adaptation nécessaire de nos administrations monarchiques à la Société républicaine et moderne.

Associations adhérentes à la Fédération Générale

Association générale des sous-agents des Postes ; Association générale des agents de surveillance des services pénitentiaires ; Association amicale des Percepteurs de carrière ; Société des Commis des Ponts et Chaussées ; Association des fonctionnaires de la Monnaie ; Association générale des Préposés des Manufactures de l'Etat ; Fédération du personnel administratif de la Marine ; Association professionnelle du personnel titulaire et stagiaire du service géographique de l'Armée ; Union générale des Agents des Contributions indirectes ; Fédération des Amicales d'Institutrices et Instituteurs de France et des Colonies ; Union amicale et prévoyante des Employés de l'Imprimerie nationale ; Union générale des Agents du service sédentaire des Douanes ; Association professionnelle des Employés de la Caisse des Dépôts et Consignations ; Association Amicale des Cours et Tribunaux de France et des Colonies ; Fédération des Employés d'octroi de France ; Union générale des Agents du service actif des Douanes ; Fédération des Professeurs-adjoints, des Répétitrices et Répétiteurs des lycées et collèges ; Association des Géomètres du Cadastre ; Association du personnel des bureaux du Chemin de fer de l'Etat ; Association des Chefs de travaux et Préparateurs des facultés de sciences.

NOUVELLES ADHÉSIONS

Fédération Nationale des Employés civils des Etablissements et Services militaires du Ministère de la Guerre ; Association professionnelle du personnel des Etablissements Nationaux de Bienfaisance ; Association fraternelle du personnel des Ecoles pratiques d'agriculture ; Association fraternelle du personnel des Ecoles publiques d'enseignement technique de France et des Colonies.

IV. — Correspondance échangée
au sujet de l'adhésion à la Fédération Nationale des Fonctionnaires

Le Bureau de notre Fédération a échangé avec le Bureau de la Fédération Nationale des fonctionnaires, la correspondance suivante :

Lettre adressée à M. Champion, président de l'A³ des répétiteurs de Lycées, membre du Comité de la F. N.

Paris, le 22 avril 1910.

Mon cher collègue,

Comme je vous l'ai dit ces jours derniers, notre Congrès a examiné la question de l'adhésion de notre Fédération à la Fédération Générale des fonctionnaires, dont votre groupement fait partie.

Nous voudrions, en vue de la solution définitive de cette question, avoir un certain nombre de renseignements destinés à éclairer nos collègues, que nous allons bientôt consulter par voie de referendum. Voici quelques-uns des points sur lesquels nous serions heureux d'avoir des réponses précises :

1° La F. N. repousse-t-elle toute adhésion à la C. G. T. ?

2° La F. N. est-elle ennemie du droit de grève pour les fonctionnaires ?

3° Plusieurs groupements ont déjà un statut spécial garanti par des lois et décrets. C'est ainsi que l'Enseignement Supérieur et l'Enseignement Secondaire ont des tribunaux disciplinaires plus ou moins parfaits, mais qu'ils veulent conserver, tout en se réservant la faculté d'en demander l'amélioration au moyen de garanties nouvelles.

La F. N. s'engagerait-elle à maintenir dans ses réclamations ces juridictions disciplinaires, dont l'existence peut d'ailleurs être invoquée comme un précédent par les fonctionnaires mal pourvus ou dépourvus de statuts ?

4° Un certain nombre de fonctionnaires faisant partie de notre Fédération ont des retraites qui vont de 4.000 à 6.000 francs. La F. N. a-t-elle l'intention de demander la réduction du maximum des retraites, ou bien est-elle disposée à demander que ce maximum soit maintenu, en raison de l'avilissement progressif de l'argent et de l'augmentation éventuelle des salaires et traitements, conséquence nécessaire du renchérissement des denrées et de l'augmentation croissante des loyers ?

5° La discipline et la constitution de notre Fédération dépendraient-elles en quoi que ce fût de la F. N. ?

6° Le nombre des membres de notre Fédération est de 5.200 environ. A combien de voix aurait-elle droit au Comité ?

Voilà, mon cher Collègue, les questions que je crois devoir vous poser pour que nos collègues soient pleinement éclairés par les réponses.

Bien cordialement à vous.

A. FEDEL.

———

Réponse de M. Champion, 34, rue Ramey

Paris, le 13 mai 1910.

MON CHER COLLÈGUE,

Excusez-moi d'avoir tant tardé à vous répondre. Le Conseil Fédéral de la Fédération Nationale des fonctionnaires ne s'est pas réuni pendant la période électorale, en sorte qu'il m'a été impossible de vous donner plus tôt les renseignements que vous m'avez demandés.

Votre lettre a été lue au Conseil Fédéral qui s'est réuni hier soir. Le Secrétaire vous répondra sans doute demain ; je l'ai prié de vous écrire avant la fin de la semaine.

J'espère que la réponse donnera satisfaction à vos collègues et que le referendum sera favorable à l'adhésion de votre A^s à la Fédération Nationale des fonctionnaires.

L'impression de la brochure a été retardée également par la campagne électorale, l'imprimerie ayant été occupée pendant ce temps à faire des affiches. Nous attendons les épreuves d'un moment à l'autre. Nous comptons pouvoir la distribuer à la prochaine réunion du Conseil Fédéral qui aura lieu le 26 courant.

Bien cordialement votre,

CHAMPION.

Réponse de M. Laurent, secrétaire de la Fédération Nationale des fonctionnaires

Paris, le 15 mai 1910.

MON CHER COLLÈGUE,

Notre camarade Champion a donné connaissance au Conseil Fédéral, dans la séance de jeudi dernier, des deux lettres que vous lui avez adressées en vue d'obtenir certains renseignements sur l'organisation de notre Fédération et sur ses tendances.

Je m'empresse de vous donner ces renseignements :

1° Adhésion à la C. G. T. — La réponse à cette question est donnée par le 5e alinéa de la déclaration , dont vous trouverez un exemplaire ci-joint, publiée par la Fédération lors de sa constitution : la Fédération ne s'affiliera à aucune organisation étrangère, c'est-à-dire à la C. G. T.

2° Droit de grève des fonctionnaires. — Voir 4e alinéa de la déclaration.

3° Garanties spéciales de certaines catégories de fonctionnaires. — La Fédération n'a pas encore examiné s'il y avait lieu d'apporter des retouches au travail du Comité d'Etudes sur le Statut des fonctionnaires. Il paraît toutefois certain puisque la Fédération est composée de la majorité des groupements qui constituaient le dit Comité, que l'article 35 du projet du Comité sera maintenu et que la Fédération demandera le maintien des garanties que les professeurs et les magistrats possèdent actuellement.

4° Maximum des retraites. — La Fédération n'a pas encore étudié la question des retraites ; par conséquent, il n'est pas possible de donner une réponse précise sur ce point. Il y a lieu de remarquer toutefois que la Fédération actuelle n'est nullement liée par les décisions tendant à la réduction du maximum des retraites, qui avaient été prises par l'ancienne Fédération.

En adhérant à la Fédération, votre groupement pourrait donc, lorsque la question des retraites viendra en discussion, démontrer aux catégories de fonctionnaires moins favorisées que certaines autres catégories, notamment celle des professeurs, ont intérêt à ne pas voir abaisser le chiffre du maximum des retraites.

5° Discipline et constitution de votre Fédération. — Voir article 3 des Statuts dans l'exemplaire ci-joint et alinéa 5 de la déclaration. Les groupements fédérés sont absolument autonomes et la Fédération n'a aucunement le droit de s'occuper de leur organisation.

La Fédération s'occupe uniquement des questions intéressant toutes les catégories de fonctionnaires.

6° Nombre de voix au Comité. — Voir article 5 des Statuts. Votre Fédération aurait droit à 3 voix.

J'espère, mon cher collègue, que ces réponses donneront satisfaction aux adhérents de votre groupement et que bientôt nous aurons le plaisir de compter la Fédération des professeurs parmi les Associations fédérées.

Je vous prie d'agréer mes meilleures salutations.

LAURENT.

M. Fedel ayant écrit le 1er Juin à M. Laurent pour lui demander des renseignements complémentaires, M. Laurent a répondu par la lettre suivante :

Paris, le 5 juin 1910.

MON CHER COLLÈGUE,

Voici les quelques renseignements complémentaires que vous désirez :

1° Au sujet de la protestation contre la multiplicité des statuts. Je n'assistais pas — étant malade — à la réunion du 12 mai, au cours de laquelle a été voté l'ordre du jour dont lecture a été donnée à votre commission exécutive. Il ne m'est donc pas possible de vous exposer d'une façon détaillée les motifs qui ont déterminé le conseil fédéral à prendre cette décision ; mais je pense que vous serez éclairé par la lecture du passage, reproduit ci-dessous, du procès-verbal de la dite séance.

« Hemmerdinger signale que des commissions sont instituées en vue de préparer des projets de statuts réglant la situation des fonctionnaires de diverses administrations et que les personnels intéressés ne sont pas représentés au sein de ces commissions ; il formule la crainte que l'élaboration de ces statuts particuliers n'ait pour résultat de faire rejeter ou retarder le vote d'un statut général.

« Après échange de vues sur la question, le Conseil fédéral vote à l'unanimité l'ordre du jour suivant :

« Dans la séance du 12 mai 1910, le Conseil de la fédération constatant que, malgré le projet de statut annoncé par le Gouvernement, des statuts particuliers sont préparés et élaborés pour différentes administrations, souvent hors de toute collaboration des intéressés, déclare à nouveau que les garanties à accorder aux fonctionnaires doivent être générales et codifiées dans un statut unique. »

2° Délibération sur le droit syndical des fonctionnaires. Le Conseil fédéral a examiné à nouveau, dans la séance du 26 mai, la question du statut collectif. Après une longue discussion l'ordre du jour suivant a été adopté :

« Le Conseil fédéral examinant les moyens de défense professionnelle dont pourraient user les syndicats de fonctionnaires reconnaît que, dans les cas individuels, un statut équitablement établi fournirait, en raison des recours possibles au Conseil d'Etat, une base d'action suffisante.

« Mais il constate que des actes de gestion administrative préjudiciables aux collectivités et, par suite, aux individualités pourront ne pas être justiciables du statut ; que n'étant prévus par aucun texte, ces actes de gestion ne pourraient être déférés à aucune juridiction ; qu'il ne resterait d'autre recours aux syndicats qu'une agitation préjudiciable à toutes les parties en cause.

« En conséquence, le Conseil estime désirable qu'une organisation spéciale d'arbitrage aide à la solution des conflits extra-statutaires ; il place cette question à l'ordre du jour de ses prochains travaux.

« Constatant, d'autre part, que le législateur seul compétent en matière de dépenses doit pouvoir être saisi normalement et régulièrement des desiderata de l'espèce, le Conseil estime que les syndicats devraient être entendus, officiellement et à leur requête, par la commission du budget et les différents rapporteurs.

« Les réclamations de tout ordre auraient ainsi leur aboutissant légal et seraient examinées par des tiers impartiaux et autorisés. »

Après l'adoption de cet ordre du jour, certains collègues ont demandé qu'il soit communiqué à la presse ; mais quelques camarades ont alors fait remarquer qu'il valait mieux être moins précis et ils ont exprimé l'avis que le Conseil fédéral devait étudier d'une façon très sérieuse « l'organisation spéciale d'arbitrage » dont il reconnaissait la nécessité avant de saisir le public de cette question. Le communiqué à la presse a alors été rédigé de la façon suivante :

« Dans la séance du 26 mai, le Conseil fédéral s'est prononcé une fois de plus en faveur de la forme syndicale pour les associations de fonctionnaires.

« Renonçant à la grève, il a examiné les moyens de défense professionnelle qui pourraient y suppléer dans les cas individuels, les conflits extra-statutaires et les revendications comportant une dépense. Il a affirmé la nécessité d'une législation permettant les appels juridiques, administratifs et législatifs susceptibles de contrebalancer le renoncement ainsi consenti.

« Le Conseil fédéral établira un projet précis sur ces différents points. »

3° Démarches faites dans les Ministères. — La Fédération n'a encore fait aucune démarche auprès des Ministres ; mais il doit en être fait une prochainement auprès du Ministre des Finances au sujet de l'article 85 de la loi de finances de 1910 relatif aux retraites. Le Conseil fédéral voudrait obtenir des facilités plus grandes pour les fonctionnaires qui doivent ou désirent effectuer le versement des 5 0/0 réglementaires sur leur traitement de début afin de bénéficier de leur période de stage lors du décompte de leur pension de retraite.

Je vous prie de m'excuser : j'aurais voulu vous transmettre ces renseignements plus tôt mais cela m'a été totalement impossible.

Vous seriez bien aimable de me faire parvenir un exemplaire de la brochure que vous adresserez aux adhérents de votre fédération en vue du referendum. Je serais également très heureux s'il vous était possible de m'envoyer le compte rendu de votre dernier congrès et si vous vouliez bien me faire le service régulier de votre *bulletin*.

Je vous prie d'agréer, Mon cher collègue, l'expression de mes meilleurs sentiments.

LAURENT.

BULTIN DE VOTE

POUR LE

Referendum

RELATIF A L'ADHÉSION A LA FÉDÉRATION
GÉNÉRALE DES FONTIONNAIRES

<u>O</u>ui

<u>N</u>on

<u>A</u>bstention

~~~~~~

Prière avant de remettre le bulletin fermé au Président de l'Amicale de ne laisser subsister qu'une formule et de rayer à l'encre les deux autres.

———

Le Président de l'Association est prié de transmettre d'urgence les résultats du vote (30 Juin, dernier délai) à M. Ch. NAVARRE 241, rue Saint-Jacques, Paris V°.
~~~~~~

PARIS & CAHORS, IMPRIMERIE A. COUESLANT. — 13.231